¡DESAFÍO EXTREMO!

EDICIÓN PATHFINDER

Por J. J. Kelley y Greta Gilbert

CONTENIDO

Remando a Seattle

Recorrieron a pie 3500 kilómetros por el sendero de los Apalaches. Recorrieron en bicicleta 2000 kilómetros hasta el océano Ártico. Ahora, dos amigos se enfrentaban al desafío más difícil hasta ahora. ¿Podrían navegar en kayak desde Alaska a Seattle?

Por J. J. Kelley

OCÉANO PACÍFICO

Archipiélago Alexander

ALASKA

Skagway

RUTA DE VIAJE

Pasaje Stephens

Isla Deadman

río Oona

ESTADOS UNIDOS

CANADÁ

Montañas Costeras

Vancouver Deadman

Nanaimo

ESTADOS UNIDOS

WASHINGTON

Seattle 3

© EUREKA CARTOGRAPHY, BERKELEY, CA

Josh Thomas y yo estamos parados en una playa fría y ventosa de Alaska. Estamos a punto de iniciar el viaje de nuestras vidas. Nos subimos a kayaks marinos de madera. Nuestro objetivo: remar 2100 kilómetros (1300 millas) hasta Seattle. Nos llevará tres meses, si todo va bien.

Pasamos un año planificando el viaje. Josh construyó los kayaks. Practicamos remo. ¡Incluso dimos vuelta nuestros kayaks en agua helada, con nosotros adentro! Sabíamos que las aguas turbulentas nos podrían hacer volcar. Teníamos que saber cómo enderezarnos de nuevo. Eso podía salvarnos la vida.

También reunimos equipos. Necesitábamos una carpa, bolsas de dormir y mapas. Empacamos cámaras. Llevamos un diario para escribir en él todos los días. Queríamos llevar un registro de todo lo que pasaba.

Preparándose

Finalmente, elegimos nuestra ruta (ver mapa, pág. 3). No podíamos remar en el océano Pacífico. El agua es demasiado turbulenta. Una tormenta furiosa en el mar puede levantar olas tan altas como un edificio. Eso podría hundir nuestros botes y estrellarnos contra las rocas.

Escogimos seguir el Pasaje Interior. Esta ruta acuática y salvaje serpentea entre las islas a lo largo de la costa del Pacífico Noroeste.

El extremo norte se inicia en el **archipiélago** Alexander de Alaska. Este laberinto de islas montañosas se encuentra entre el océano Pacífico y el **continente**. Las islas actúan como un amortiguador o pared. Cuando el agua de mar fluye a su alrededor, el terreno bloquea y aminora las olas fuertes y las **mareas**. También bloquea los fuertes vientos oceánicos.

Eso significa que el agua es más tranquila en el pasaje, incluso durante las tormentas fuertes. En lugar de olas del tamaño de una casa, una tormenta aquí podría causar olas de un metro de altura. ¡Seattle, allá vamos!

Josh tardó dos meses en construir los kayaks. Aquí, encola la cubierta de un kayak.

Una semana antes de nuestro viaje, probamos nuestros kayaks. Estamos en el Glaciar del Oso en Seward, Alaska. ¡El agua está helada!

Semana 1: saliendo de Skagway, Alaska

¡*Bam!* Una ola golpea la cubierta de mi kayak. Entorno los ojos para protegerlos de la lluvia. Los vientos aúllan. Remo hacia adelante. Los vientos me empujan hacia atrás. ¡*Pum!* Me golpea una segunda ola. Casi me doy vuelta. A Josh le duelen las muñecas por el remo. Siento que no podré ir mucho más lejos. ¡Qué primer día!

En nuestro segundo día, nos despertamos con lluvia y fuertes vientos. Es demasiado peligroso para remar. Nos acurrucamos en nuestra carpa a la espera de un mejor clima. Hemos acampado en una playa dura y rocosa. Estamos mojados, con frío y cansados.

Pronto aprendemos que los vientos son más suaves cerca de la madrugada. Entonces es más fácil remar. Algunos días comenzamos a las 5 de la mañana. Sin embargo, al final de la semana habíamos avanzado solo 113 kilómetros (70 millas). Nuestro objetivo es de 168 kilómetros (105 millas) por semana. ¡A este ritmo, nos tomará más de cuatro meses llegar a Seattle! Tal vez este viaje no sea tan buena idea.

En la cuarta noche, Josh hace campamento en el bosque de Alaska. Aquí, los abetos Sitka pueden crecer hasta 95 metros (312 pies) de altura.

Semana 2: Pasaje Stephens, Alaska

Un pequeño grupo de ballenas jorobadas rodea nuestros kayaks. Una viene en busca de aire. Lanza agua alto hacia el cielo. ¡Ay! El agua huele a pescado podrido.

En verano, estas ballenas emigran a Alaska. Algunas llegan a nadar 8000 kilómetros (5000 millas) solo para llegar aquí. Las ballenas vienen en parte por la comida. Hay muchísimo plancton, pequeños peces y crustáceos denominados krill. Cada ballena come una tonelada de alimentos por día. Acumula grasa, o gordura. Vivirá de su grasa en el invierno.

Una ballena se lanza debajo mío. Me siento indefenso. Es tres veces más larga que mi kayak. ¡Podría hacer volar mi kayak como si fuera un palito! Burbujas de aire suben a mi alrededor. Golpeo el kayak. ¿Mantendrá el sonido alejada a la ballena? ¡Uf! Funciona.

Semana 4: Isla Deadman, Alaska

¡Sorpresa! Está lloviendo por cuarta semana consecutiva. Hemos estado remando por uno de los pocos **bosques pluviales templados** de la Tierra. Realmente no supuse que un bosque pluvial sería *tan* lluvioso.

Igual que las selvas tropicales, estos lugares son muy húmedos. Sopla el aire húmedo del océano Pacífico. Las cadenas montañosas cercanas atrapan la humedad a lo largo de la costa. El agua se condensa. Llueve. Una niebla húmeda lo cubre todo. ¡Algunos bosques pluviales templados reciben 510 centímetros (200 pulgadas) de lluvia por año!

El aire aquí es más frío que en una selva tropical. Diferentes plantas y animales viven aquí también. Vemos abetos y osos, no lianas y monos como en la selva.

En un kayak, no hay lugar para protegerse de la lluvia. Mis dedos se arrugan como pasas. Mis manos se sienten ásperas. En mi saco de dormir crece el moho. Entonces, al día veinticuatro, un milagro: ¡Deja de llover! Nos secamos.

En nuestro viaje vemos muchas ballenas jorobadas. Un cetáceo como ese podría volcar nuestros kayaks.

El Pasaje Interior serpentea en Canadá por un camino estrecho entre montañas escarpadas.

Semana 6: ¡Oh, Canadá!

¡Viva! ¡Acabamos de entrar remando a Canadá! Parte de la frontera entre los Estados Unidos y Canadá se extiende hacia el océano. Una noticia aún más importante: ¡Ya recorrimos más de un tercio del camino a Seattle!

A esta altura, ya tenemos establecida nuestra rutina: Despertarnos. Desayunar. Desarmar la tienda. Empacar. Remar. Almorzar. Remar. Desempacar. Armar la carpa. Cenar. Dormir.

Remamos unas ocho horas por día. Mis manos están ásperas y callosas. La mente se me queda en blanco mientras remo, una y otra vez, hora tras hora. Parece interminable. Los músculos me duelen. Incluso me duelen los que no uso mucho.

Comemos abundantemente para tener la energía que necesitamos para remar. Para añadir calorías, ponemos mantequilla en todo: el arroz, el guiso de pescado, la pasta. Incluso la probé en mi café. No me gustó.

Por la noche, transportamos nuestro equipo lejos de la costa para acampar. La marea puede alcanzar los seis metros (veinte pies). No queremos despertarnos mojados.

La marea cambiante a lo largo de la costa del bosque pluvial deja detrás brillantes estrellas de mar y algas.

Semana 7: Río Oona, Canadá

Malas noticias. Nos detenemos para pasar la noche en un pequeño pueblo llamado Río Oona. Un hombre que encontramos allí nos dice: "Llegan tarde. Están por llegar las tormentas de invierno". Nos dice que volvamos a intentarlo el año que viene.

¿Tendrá razón? Estamos a fines de agosto. El invierno puede parecer bastante distante. Sin embargo, todavía tenemos un largo camino por recorrer. En esta región tan al Norte, vemos señales de que la estación está cambiando. El Sol se pone más temprano cada día, de modo que tenemos menos horas de luz diurna para remar. Estamos entrando en una estación aún más lluviosa. También se pondrá más frío, ventoso, y —aunque parezca difícil de creer— más tormentoso. Después de todo esto, ¿qué pasa si no lo logramos? Me siento mal.

¿Saben una cosa? El mal tiempo nos retiene en Río Oona un día más. Los fuertes vientos arrancan árboles. Las palabras del hombre parecen estar haciéndose realidad. Tras dos meses de estar mojados y cansados, es difícil mantener la motivación. Sin embargo, nos negamos a rendirnos.

Semana 10: Isla de Vancouver, Canadá

Continúa nuestro dificultoso viaje. Un día el viento es tan fuerte que remamos menos de una milla por hora. Otro día avanzamos más que nunca: cincuenta y tres kilómetros (treinta y tres millas). Las mareas nos impulsan rápidamente.

Tenemos que remar por un trecho donde no hay islas que nos protejan. No hay nada entre nosotros y el mar abierto. Una tormenta ahora podría ser muy peligrosa.

Finalmente, algo de suerte. El mar está en calma. Llegamos sin problemas a la Isla de Vancouver, Canadá. Solo nos quedan 483 kilómetros (300 millas) por recorrer. Pronto, vamos a remar nuevamente en territorio de los Estados Unidos. ¡Tal vez tengamos éxito después de todo!

Semana 13: ¡Seattle!

Veo a Seattle en el horizonte. Un frío me recorre la columna. ¡Lo logramos! Estamos a principios de octubre. Nos enfrentamos con una última fuerte tormenta justo después de cruzar de nuevo hacia los Estados Unidos. Pero le ganamos al clima invernal.

Ahora la aventura terminó. No estoy seguro de si estoy contento o triste. Josh y yo nos plantemos un objetivo. No sabíamos si lo lograríamos. ¿Sería demasiado? ¿Saldríamos lastimados? ¿Seguiríamos siendo amigos después de un viaje tan duro? (¡Sí, lo somos!)

He visto y aprendido mucho durante este viaje. Sé cómo luce realmente un bosque pluvial: ¡mojado! Comprobé que realmente *puedo* remar aun cuando mis músculos gritan "basta". Me siento como si pudiera hacer cualquier cosa.

Ahora sólo queda una cosa por averiguar: ¿Dónde nos llevará nuestra próxima aventura?

Vocabulario

archipiélago: grupo de muchas islas

bosque pluvial templado: bosque con temperaturas frescas donde llueve al menos152 centímetros (60 pulgadas) por año

continente: gran masa principal de tierra firme de un país, sin incluir las islas

marea: ascenso y descenso constante de la superficie del océano más o menos cada doce horas

En un raro día soleado. Estoy remando a lo largo del Pasaje Interior cerca de Nanaimo, Canadá. Las olas y el viento han erosionado la tierra, creando estos espectaculares acantilados de piedra arenisca.

Vemos nuestras primeras orcas cerca de la Isla de Vancouver. Viajan en grupos de hasta treinta ballenas.

Wendy

Booker
y las
Siete Cumbres

Únete a una heroína de acción de la vida real mientras escala algunas de las montañas más altas del mundo.

Por Greta Gilbert

Imagina a una heroína de una historia de aventuras. Ella es fuerte y valiente, y está en una **aventura**. Está escalando una de las montañas más altas de la Tierra.

El viento ruge, atravesando sus cinco capas de ropa. Le duelen los huesos. Sus dedos están **entumecidos**. Silba solo para evitar que los labios se le congelen. Es la mitad del día, pero la temperatura es de menos cuarenta grados. "No está tan mal", piensa, y sigue escalando.

Te presentamos a la montañista Wendy Booker. Es la heroína real de una historia de aventuras. ¿Su aventura? Escalar la montaña más alta de cada continente. En conjunto, estas montañas son llamadas las **Siete Cumbres**.

Las Siete Cumbres

La aventura de Booker empezó en Alaska. Quería escalar el monte McKinley, la montaña más alta de Norteamérica. Le llevó dos transpirados intentos abrirse camino hacia la cima. Cuando finalmente lo logró, se preguntó: "¿Y ahora qué hago?"

Tomó una decisión audaz: escalar las Siete Cumbres completas. Booker pronto se dirigió al África. Allí acometió el Kilimanjaro, una de las montañas más famosas de la Tierra.

Cada día en el Kilimanjaro era diferente, afirma Booker. Un día vio vides sobre las cuales podría desplazarse Tarzán. Otro día vio árboles que podría haber dibujado el Dr. Seuss. "Los llamé caniches sobre palos", dice. Le encantaba ver algo nuevo cada día.

Un año más tarde, Booker escaló el Monte Elbrus, en Europa. Un año después de eso, escaló el Aconcagua, en América del Sur.

Luego escaló el Macizo Vinson, en la Antártida. Vinson fue difícil. Booker tuvo que abrirse camino a través de nieve espesa. Utilizó un tipo especial de hacha para escalar en el hielo.

Luego hubo una tormenta de nieve. Booker no podía ver nada en absoluto. Ella y su guía utilizaron las manos para encontrar el camino de regreso al campamento. Allí esperaron que el clima mejorara. Luego lo intentaron de nuevo.

Sin embargo, Vinson ha sido su ascenso favorito hasta ahora. Mientras escalaba se dio cuenta de que "estaba en el lugar exacto donde deseaba estar".

Por último, Booker escaló el Monte Kosciuszko, en Australia. Fue su sexta cumbre. Solo le faltaba una.

El enemigo invisible

Un héroe de una historia de aventuras generalmente tiene algún tipo de enemigo. Booker también lo tiene. Es la esclerosis múltiple (EM), una enfermedad grave.

La EM ataca las células nerviosas del cerebro y la médula espinal. Estas células envían mensajes a través del cuerpo. Los daños causados por la EM hacen que los nervios no puedan hacer su trabajo correctamente.

La EM puede hacer que la gente se maree. Puede hacer que los músculos sean difíciles de controlar. O, como en el caso de Booker, puede hacer que partes del cuerpo queden completamente entumecidos. Sin embargo, Booker no deja que eso la detenga. Con su enfermedad, sigue escalando.

Ayuda de amigos

Todo héroe se desanima. Cuando eso le sucede a Booker, piensa en los alumnos y ex alumnos de Jim Cleere en Massachusetts. Los chicos de la escuela K-8 Donald McKay de la zona este de Boston la han estado alentando desde hace muchos años.

Antes de cada ascenso, los alumnos le dan a Booker una bolsa de caramelos especiales. Cuando escala, ella lleva una foto de sus jóvenes admiradores en su mochila, junto con una bandera rosada firmada por todos ellos. En la cumbre, Booker come los caramelos y llama a los niños usando un teléfono satelital.

Booker visita a los niños cada vez que puede. Les cuenta sus aventuras y permite que los chicos inspeccionen su **equipo**. Cada año, lleva una clase a una montaña para que los chicos puedan aprender sobre la aventura del montañismo. Practican sostenerse en las rocas y tratan de encontrar los lugares correctos para sus pies.

¡Sigue escalando!

Pronto, Booker necesitará más caramelos. Eso es porque ella se enfrentará a la cumbre más alta de todas, el Monte Everest, en Asia. Si tiene éxito, será una de las pocas mujeres que han escalado las Siete Cumbres. Será la primera mujer con esclerosis múltiple en hacerlo.

Sin importar lo que suceda, Booker va a escalar. "Quiero inspirar a otros", dice. "Especialmente a los jóvenes. No deben ver los **obstáculos** como montañas en su camino".

Tú tal vez no escales montañas. Sin embargo, igual puedes ser el héroe de tu propia historia de aventuras. ¡Piensa en *tus* Siete Cumbres y cómo puedes escalarlas!

Vocabulario

aventura: una travesía para conseguir o hacer algo difícil

cumbre: la cima de una montaña

entumecido: sin ninguna sensación

equipo: las herramientas o ropa especiales que se necesitan para una actividad

obstáculo: algo que dificulta el éxito

Wendy Booker escala un muro de hielo en el Monte Rainier, Washington.

13

Diseña tu propio

¡DESAFÍO EXTREMO!

No necesitas viajar por el mundo para hacer frente a un desafío extremo. ¡Puedes hacerlo en tu propio vecindario! Todo lo que necesitas es un objetivo difícil y un buen plan. Inténtalo. ¡Puedes hacerlo!

Paso 1: establece una meta ambiciosa. ¿Hay una colina cercana que deseas escalar? ¿Un camino en bicicleta o a pie que deseas explorar? Tal vez te gustaría llegar a la cima de un edificio especial. O quizás te gustaría cruzar cierto puente. Plantéate una meta que parezca un poco difícil.

Paso 2: busca un compañero adulto. Pídele a uno de tus padres, a un maestro o a un amigo adulto que te acompañe. Habla sobre tu objetivo. Decide la manera más segura de alcanzarlo.

Paso 3: haz un plan. Consigue un mapa de tu vecindario. Con tu socio, busca tu ruta. Luego decide cuánto tiempo te tomará lograr tu objetivo. Utiliza la siguiente tabla para ayudarte.

¿Hasta dónde y por cuánto tiempo?

Distancia	Tiempo a pie	Tiempo en bicicleta
1 kilómetro (alrededor de 1/2 milla)	15 minutos	4 minutos
1 1/2 kilómetros (alrededor de 1 milla)	22 minutos	6 minutos
3 kilómetros (alrededor de 2 millas)	43 minutos	13 minutos

Paso 4: Prepárate. Prepárate para tu desafío. ¿Necesitarás algún equipo especial? ¿Necesitas practicar alguna habilidad especial? Asegúrate de llevar comida, y también agua en abundancia. Recuerda, cuanto más te prepares, más posibilidades tendrás de lograr tu objetivo.

Paso 5: enfrenta a tu desafío. ¡Ve por él! Tal vez haya partes del desafío que sean difíciles. Puedes pedirle ayuda a tu socio cuando la necesites. Cuando hayas alcanzado tu meta, celebra. ¡Lo lograste!

Paso 6: comparte tu experiencia. Cuéntales tu experiencia a tus amigos, familiares y maestros. Puedes escribir sobre ella en un diario o en línea. ¡No seas tímido! ¡Tu historia podría ayudar a otros a lograr sus propios objetivos!

ENFRENTA EL DESAFÍO

Ponte a prueba. Responde estas preguntas sobre cómo las personas logran sus objetivos.

1 ¿Qué objetivo tenían Josh Thomas y J. J. Kelley?

2 Nombra dos desafíos que enfrentaron los kayakistas. ¿Cómo enfrentaron esos desafíos?

3 ¿Qué obstáculos debe superar Wendy Booker cuando escala una montaña? ¿Por qué lo hace?

4 ¿Qué dos preguntas tienes acerca de las Siete Cumbres? ¿Dónde puedes buscar para encontrar las respuestas?

5 ¿En que son similares las personas de estos artículos? ¿En qué se diferencian?